北京语言大学对外汉语
教材研发中心规划项目

对外汉语长期进修教材

第7级

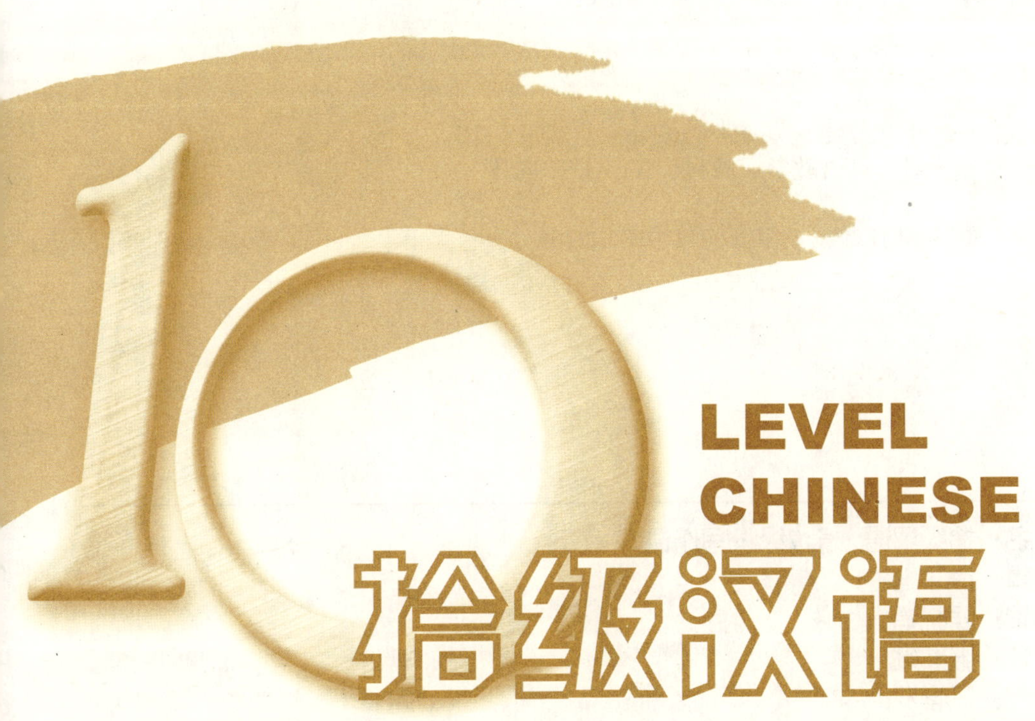

LEVEL CHINESE
拾级汉语

主编：吴中伟　高顺全　陶炼　　编著：路广

写作课本
Writing

北京语言大学出版社
BEIJING LANGUAGE AND CULTURE
UNIVERSITY PRESS

图书在版编目（CIP）数据

拾级汉语·第7级·写作课本/吴中伟，高顺全，陶炼主编；路广编著.—北京：北京语言大学出版社，2011.6
ISBN 978-7-5619-3037-3

Ⅰ.①拾… Ⅱ.①吴… ②高… ③陶… ④路… Ⅲ.①汉语－写作－对外汉语教学－教材 Ⅳ.①H195.4

中国版本图书馆CIP数据核字（2011）第102766号

书　　名：拾级汉语·第7级·写作课本
中文编辑：徐　雁
英文编辑：侯晓娟
封面设计：张　娜
责任印制：汪学发

出版发行：北京语言大学出版社
社　　址：北京市海淀区学院路15号　**邮政编码**：100083
网　　址：www.blcup.com
电　　话：发行部　82303650 / 3591 / 3651
编辑部　82303647 / 3592
读者服务部　82303653 / 3908
网上订购电话　82303668
客户服务信箱　service@blcup.net
印　　刷：北京联兴盛业印刷股份有限公司
经　　销：全国新华书店

版　　次：2011年6月第1版　2011年6月第1次印刷
开　　本：787毫米×1092毫米　1/16　**印张**：7（写作练习本3.5）
字　　数：62千字
书　　号：ISBN 978－7－5619－3037－3 / H·11077
定　　价：35.00元

凡有印装质量问题，本社负责调换。电话：82303590

编写说明

本套系列教材可供各国来华学习汉语的长期进修生使用，也可供其他类型的学习者选择使用。旨在发展学习者听、说、读、写各项语言技能，培养汉语语言能力和汉语交际能力。学习者也可选择系列中的一部分，用于提高某一方面的语言技能。

对长期进修学生的汉语教学有其显著的特点。他们学习汉语半年或半年以上，初、中、高水平不等，在汉语基础、技能发展、学习期限、学习目标等方面呈现出极大的差异性和多样性。不同母语背景的学生一般混合编班教学，每周20课时左右。面对上述特点，我们在教学设计上需要有更多的灵活性，在教材结构上需要有更强的针对性，在教学容量上需要有更大的弹性。

国家汉办《高等学校外国留学生汉语教学大纲·长期进修》在“教材编写与选用”中提出：“各有关教学单位应根据长期进修教学的特点，编写、选用适用于不同等级的、小循环的教材。每册书的教学周期不宜超过一个学期（初、中等的两级，高等的一级），一级一册更为适宜。”本教材系列正是一套以《高等学校外国留学生汉语教学大纲·长期进修》为依据进行总体结构设计的“适宜教材”。

本教材系列的最大特点在于：细化层级，逐层递进。

根据长期进修教学的特点，我们认为，长期进修教学宜以教学级次而不是年级来划分，教学级次就好像是一层层阶梯，学习者通过分班考试，根据汉语水平，对应不同级次，编入相应班级，从而各得其所，拾级而上。根据《高等学校外国留学生汉语教学大纲·长期进修》，我们把级次分为：初等4级，中等4级，高等2级，共10级。其中初、中等分得比较细，各分4个级次，每级大约需要8周左右（第一级前2周为“起步”阶段），一个学期可完成2级。高等分2个级次，每级大约需要16周左右（一个学期）。在教材设计上，按级分册（另加“起步”一册），分别配置相应的听、说、读、写课本，从而构成本套纵横配套的系列教材。全部学完《拾级汉语》，学习者可达到高级汉语水平。

此外，本教材系列还具有以下特点：

一、多重循环，逐步深化。

每册教材在内容上具有相对的完整性，各册教材在语言项目上的联系不是靠简单的承接，而是靠螺旋式的小循环来实现。这样，学习者可以根据自己的水平，在不同的级次上进入本教材的学习序列。

二、纵横配套，相辅相成。

1. 兼顾系统性和实用性。一方面要循序渐进，另一方面要急用先学，综合课、读写课系列侧重于系统性，听说课、泛读课系列侧重于实用性。

2. 课型随教学阶段的变化而变化，在初级阶段以综合为主，中级阶段加强技能训练的针对性，高级阶段适当考虑语言能力的专门化。

3. 区分语体风格。各课型在语体特色和语体教学上各有侧重，相互配合。

4. 词汇教学由各门课共同承担，实现总词汇量的分流。

三、简明实用，发展创新。

1. 注意教学安排的可操作性，板块处理的简明性，版面设计的人性化。

2. 重视课文内容的趣味性、真实性，强调语言教学的交际性、实用性。

3. 吸收汉语本体研究成果、汉语学习规律和汉语教学规律的研究成果。重视语汇教学、汉字教学，吸收任务型教学法的特点。

本套系列教材共45本，其总体结构基于以下课程设计。谨列表如下，供使用者参考：

课型 / 周课时 / 级次				听说					读			写		周课时
		起步	综合	听说	听力	新闻听力	口语	社会焦点	精读	泛读	报刊阅读	写字	写作	
初	一	20												20
			12	6								2		
	二		12	6								2		
	三		10		4		4			2			2	
	四		10		4		4			2			2	
中	五				4		4		8	2			2	20
	六				4		4		8	2			2	
	七				4		4		8	2			2	
	八				4		4		8	2			2	
高	九					2		4	6		2			14
	十					2		4	6		2			

各级次的周课时一般为20课时。第3、4级次的“泛读”教材，可以作为课外阅读材料，不单独设课。本表中第9、10级次的周课时为14课时，可辅以一定量的选修课，这里不列。

本教材系列的总体设计和编写工作由三位主编合作主持，各有侧重，大致分工如下：

吴中伟：负责“起步”，第1级至第4级的“综合”课本，第3级、第4级的“泛读”课本，所有的“写字”、“写作”课本。

高顺全：负责第5级至第10级的“精读”、“泛读”课本，以及“新闻听力”、“社会焦点”和“报刊阅读”课本。

陶　炼：负责所有的“听说”课本、“听力”课本和“口语”课本。

从长期进修教学的特点出发，本套教材各册之间既相互衔接配套，又有相对独立性，因此，使用者既可以采用整套教材，也可以根据各自的不同情况，选用其中的一部分。《拾级汉语》系列教材在出版前大多已在复旦大学国际文化交流学院试用过，但是难免还会存在不足、疏漏之处，请各位同行批评指正！

编　者

本册使用说明

《拾级汉语》写作课本覆盖从第3级到第8级，共6个级次，其中第3、4级次属于初级写作，第5、6、7、8级次属于中级写作。

本册是《拾级汉语》第7级写作课本，共8课，设计目标为8周，每周学1课，每课2课时，共16课时（不包括考试）完成。

下面就本册教材的主要特点作以说明，供教师参考。

一、关于写作内容

实用性是激发学生学习动机的重要因素。本册教材从留学生在中国的学习、生活实际出发，选取七个主题，每课围绕同一主题展开，以内容为中心，兼顾文体。

在现实生活中，写作或是个人情感的抒发，或是书面交际的需要，对第二语言的初学者来说，后者更为重要。在本册教材中，我们重视写作的书面交际功能，强调写作者与读者交流的真实目的性。练习大都有明确的交际目的和阅读对象，也希望教师将学生是否成功完成书面交际任务作为基本评估标准。

二、关于教学设计

本册第一至七课均包括四个部分：（1）小组讨论，（2）热身练习，（3）写作小贴士，（4）写作练习。前三个部分为写前准备阶段，为学生开始写作进行准备和铺垫。其中，“小组讨论”提示本课主题，通过学生之间的交流来打开写作思路，激发写作兴趣。“热身练习”要求学生独立阅读一些简单的语言材料，并完成相关的理解性练习，从而进一步理解写作内容，激活相关语言知识。“写作小贴士”则针对某个写作知识点进行讲解和操练，是以直接的方式帮助学生进行写作准备。第四部分“写作练习”是每课的核心部分。

写作课的价值在于写作过程本身。写作过程中为完成书面交际任务而进行的学习、尝试、修改，是提高书面表达水平的关键。教师应注意鼓励学生在写作过程中勇于尝试，反复修改；应引导学生互为读者，在交互阅读过程中就内容本身向对方作出真实反馈，根据对方反馈进一步完善语言形式；对于学生的习作，教师应及时批改，重点讲评。

第八课为复习课，旨在通过集中回顾、梳理，在前七课的基础上，促使学生在书面表达上实现阶段性飞跃。

三、关于输入材料

在本教材中，我们提示了相关文体的格式要求，列举了相关内容的表达方式，但不提供范文。我们鼓励学生创造性使用语言，写出具有自己风格和特色的作品。

四、其他

每课中出现的生词，标注拼音，并配有英语解释，教师无须讲解，学生可根据需要有选择地识记。在写作小贴士中，一些列举词语没有标注拼音和解释，教师可以在课堂上讲解，也可以要求学生在课前作好预习。

由于第八课复习时需要学生回顾自己第一至七课的作业，所以教师从一开始就应提醒学生保留这些作业。

书后附有词汇表和前七课部分练习的参考答案，方便教师上课和学生自学。词汇表以词语出现的先后顺序按课编排。

本书附有配套《写作练习本》，供学生写作练习使用。

由于时间和水平的关系，本教材肯定存在这样那样的问题，希望广大使用者能对本教材提出批评和建议，以帮助我们进一步修改。

Contents

目录

Contents

1

LESSON 1

第1课
申请书

一、小组讨论

了解一下，小组中哪些同学有过休学、免修、缓考、换班的经历，请他描述一下这段经历；如果没有人有过这样的经历，那么想象一下，你可能在什么情况下需要申请休学、免修、缓考、换班？

二、热身练习

1. 阅读下面的申请书，并回答问题。

缓考申请书

尊敬的老师：

您好！

本学期的期末考试我想申请缓考。下个月，也就是1月12日是我们日本京都市举行“成人仪式”的日子，我今年

20岁了，按日本的风俗应该参加这个“成人式”。我的爸爸、妈妈、爷爷非常重视这个节日，他们觉得从这一天开始，他们的孩子就成了一名“社会的人”，正式迈出了自己人生的第一步，所以他们为我预订好了典礼上穿的服装，还有照相馆的化妆服务。可是，这个学期的期末考试时间正好是从1月11日到20日，我很想参加这次期末考试，但也不想错过今年的“成人式”，因为每个人只有一次参加“成人式”的机会。参加“成人式”不仅可以见到很多小学、中学的同学和朋友，更重要的是，在成人式上宣誓、接受长者的祝贺，在我看来，是加入成人行列的一个标志，这样一来，才能把“成人节”作为人生的一个新起点，继

迈 mài
take (a step)

化妆 huàzhuāng
make-up

行列 hángliè
rank

续努力实现自己的梦想。对我来说，这是一个难得的仪式，所以我向老师提出申请，申请在下学期开始时补考。假期里我一定好好复习老师教过的内容，争取得到好成绩。希望您能够批准我的申请，谢谢老师！

此致

敬礼！

小山明日美

2010年12月10日

批准 pīzhǔn
approve

（1）这份申请书在标题、称呼、署名等格式上有什么特点？

（2）这份申请书的申请人是谁？她提出了什么申请？

____

（3）小山明日美觉得参加“成人式”重要吗？为什么？

____

（4）她觉得考试重要吗？她想怎样解决考试时间和“成人式”时间相冲突的矛盾？

____

（5）如果你是老师，你会批准吗？为什么？

____

2. 阅读下面的申请书，并回答问题。

免修申请书

尊敬的老师：

您好！

我是二年级八班的杰克，我想申请免修本学期的口语课程。我觉得口语课的内容对我来说太容易了。另外，我想去听“新词新语与当代社会”的课程，但上课的时间正好跟口语课冲突。所

以，特地向您提出申请，希望能

得到您的批准。

祝您工作顺利！

杰克

2011年3月15日

特地 tèdì
specially

（1）这份申请书的申请人是谁？

（2）他向谁提出申请？

（3）他想申请免修什么课程？

（4）他申请免修的原因是什么？

三、写作小贴士

汉语的称呼语

称呼语是指人们日常说话或书信中所使用的对说话对象的称呼。由于使用的人和使用的场合不同，称呼语也往往不同，大致说来，有**亲属**

称呼语，如：爷爷、奶奶；**社会称呼语**，如：教授、先生、李小姐；**姓名称呼语**，如：王丽、胡歌。这三种称呼语中，姓名称呼语一般用于关系亲密的人和比较随便的场合。在书信的开头，还可以在称呼语的前面加上“尊敬的”（用于长辈）、“敬爱的”（用于非常值得尊敬、爱戴的人）、“亲爱的”（用于亲密的人）等表达感情。

想一想，下面哪些称呼方式是合适的，哪些是不合适的，应该怎么说？

（1）请假条的开头：亲爱的王静老师

____

（2）见面打招呼：尊敬的王阿姨

____

（3）书信的开头（写给女朋友）：亲爱的宝贝儿

____

（4）申请书的开头：亲爱的校领导

____

（5）打电话的开头：敬爱的爷爷

____

四、写作练习

写一份休学申请书。

（1）小金现在是二年级学生，可是下个学期他想休学，请设想一下他休学的原因可能是什么？

（2）根据你所设想的原因，替小金写一个休学申请书。

（3）写完后把申请书交给同桌，请同桌代表老师进行审批，然后说一下批准或者不批准的原因。

2

LESSON 2

第2课
发表议论

一、小组讨论

分组讨论下面几个问题，谈谈你的看法，听听别人的看法。

1. 在校大学生打工好不好？为什么？
2. 大学里是否应该取消考试？为什么？
3. 赌博在有些地方是合法的，比如中国的澳门、美国的拉斯维加斯，但在中国大陆是违法的。你认为赌博产业是否应该存在？为什么？

二、热身练习

1. 阅读下面的文章，并回答问题。

中学生谈恋爱是合理的①

在中学里，“早恋”无疑是老师与家长最头疼的问题，因为

早恋 zǎoliàn fall in love at an early age

① 选自“小天才3G文库”，有删改。

在人们心中早恋无疑是与变坏、堕落联系在一起的。如果有学生谈恋爱，老师和家长都会大声说：

“早恋是不对的！赶快分手吧！否则你就别想上学了！”

但是我可以告诉你们，这句话完全没有道理。

首先，我们来说说什么是早恋。我认为，“早恋”这一说法本身就是不合理的。何时恋爱算早？谁能说清楚什么时候应该恋爱？从生物学角度来说，恋爱就是到了发情期。动物一旦到了发情期，它们就会交配、繁殖。人一到了发情期，就会恋爱。

有专家指明：人从13岁开始不定期发情，但是，人们却硬生生地用“伦理道德”把自己的发情期延迟到了20多岁，这可是违背生物规律的啊！人到了发情期自然就要释放自己的情感，而

堕落 duòluò
degenerate

发情期 fāqíngqī
(the) rut, heat (period)

伦理 lúnlǐ
ethic

中学生正是13岁以上的年龄，所以，不存在早不早的问题。

我们再来说说家长和老师为什么不准学生恋爱。答案很简单——耽误学习。但其实，学习成绩下降就是学校禁止恋爱而引起的。如果允许学生谈恋爱，对于爱情他们就不会感到陌生，不会觉得好奇、新鲜，因而就不会因为爱情而耽误学习，反之会因为异性对他们没有了那么大的吸引力，从而把心放到学习上。

但现在的情况是，学生从小就必须规规矩矩，与异性保持距离，这反而会让他们对爱情产生好奇，从而偷偷尝试，尝到新奇后便会陷入其中。而且老师和家长的反对使得他们还有了负罪感，觉得自己做的是不光彩的事情，见不得人，在这种矛盾的心理下，不耽误学习才怪呢。

有句俗话叫“男女搭配，干

规规矩矩
guīguijūjū
behave oneself

活儿不累”。允许学生谈恋爱不但不影响学习成绩，反而可以提高学习成绩。因为恋爱是一种丰富人的精神的行为。精神丰富了才有精力去学习。而且，恋爱中的两个人都想把自己最好的一面展现在对方面前，两个人也会为了更长远的发展而一起努力考上同一所中学、大学。这是多么好的学习动力啊！为什么要禁止呢？

可能有人会说：“他们还小，不懂爱情，容易误入歧途。”的确，年龄小容易犯错，但是不能因为怕犯错而去禁止他们谈恋爱，就好像我们不能因为怕孩子摔倒就不让他走路一样。我们应该做的不是制止他们，而是多和他们交流，及时指导他们，帮助他们解决问题，免得犯错。如果他们在暗中谈，老师和家长不知道，岂不是更加容易误入歧途？

误入歧途 wù rù qítú *go astray*

岂 qǐ *used to introduce a rhetorical question*

另外，为了防止他们在谈恋爱的过程中误入歧途，我们可以设立专门的帮助机构。比如：学校可以配置专门的爱情导师、爱情课程来帮助学生解决爱情问题，让他们了解爱情其实并不只是有趣，告诉他们如何处理恋爱和学习的关系。

总之，我不是提倡“恋爱万岁”或者“全民恋爱”，我只是告诉大家：世上不存在“早恋”，学生谈恋爱是合理的，谈恋爱本身并无坏处。

（1）回答下面的问题。

1）作者的观点是什么？

____

2）作者认为"早恋"这个词有没有道理？为什么？

____

3）家长和老师不准学生谈恋爱的原因是什么？

____

4）为什么作者要引用俗话"男女搭配，干活儿不累"？

____

5）怎样防止因谈恋爱而犯错误？

____

6）文章最后一段起什么作用？

____

（2）选择合适的内容填在下面这段话的空格处。

A. 学生谈恋爱是合理的

B. 学生谈恋爱耽误学习

C. 怎样防止学生在谈恋爱的过程中犯错

D. 学生谈恋爱是"早恋"

E. 学生谈恋爱有好处

作者首先批评了__________和__________两种观点，

接着提出了__________，并进一步说明__________，最后总结说明__________。

2. 阅读下面的文章，说明作者的写作思路。

谎言未必不可说

小时候，我们常常被这样教育：做人要诚实，不可说谎。因为说谎有种种危害。大人经常给我们讲《狼来了》的故事等等，都是为了告诉我们做人应该诚实的道理。可是，我认为谎言未必不可说。

世界上的谎言未必都是故意用来欺骗别人的，也不一定都是为了坏的目的。谎言有时是“出于礼貌而不得不说的谎”，我们可以把这样的谎言叫做“善意的谎言”。

在现实生活中，善意的谎言是很必要的，往往起着重要的作用。因为我们并不是时时刻刻都

未必 wèibì unnecessarily

善意 shànyì good will

能说真话，也并不是每时每刻说真话的效果都比说谎话好。谎言有时是很有必要的。从很多事实看，小到为了不使人难过，大到照顾全局的利益，其中都有谎言的影子。

有个故事是这样的：有个人生了一个孩子，很多客人来祝贺，大家看了孩子以后，有人说："这个孩子将来肯定很有福气。"孩子的爸爸听了非常高兴。又有人说："这个孩子将来肯定长寿，最少100岁。"孩子的爸爸听了也非常高兴。又有人说："这个孩子将来肯定很有钱。"孩子的爸爸听了更高兴了。这个时候忽然有个人说："他将来一定会死的。"听到这句话，孩子的爸爸很生气，马上就把这个人赶了出去，说这辈子都不想跟他见面。你肯定会认为

说孩子将来会死的人很不礼貌，但是我们仔细想一想，这几个人中到底谁说的是真话呢？其实，说孩子将来会死的人说的才是真话，因为每个人无论多长寿，到最后都会死的，而其他的客人说的则都是假话，你怎么知道这个孩子将来一定会很有福气，一定会活到100岁，一定会很有钱呢？但是，在孩子出生、大家都来庆贺的气氛下，我们还是应该说些好听的“假话”的，而不应该像最后一个人那样说些让人不舒服的真话。我想这是每个人都应该注意的。

由此看来，谎言不在于该不该说，关键是看场合、看动机、看对象。在一定情况下，为了某种“善意的目的”，说一说“善意的谎言”，不仅是可以的，而且是应该的、必要的。

由此看来 yóu cǐ kànlái therefore
场合 chǎnghé occasion

作者的写作思路是：一开始作者就直接提出了__________的观点，认为__________的谎言可以说，而且有的时候还很重要。为此，作者引用了一个__________的故事来证明有时谎言是必要的，最后作者重申了__________的观点。

重申 chóngshēn, reiterate

三、写作小贴士

论据

论据就是证明观点的材料、依据。好的论据可以使所论述的观点更有说服力。论据有两种类型：一是事实，二是理论。**事实**可以是具体的事情，可以是概括的情况，可以是统计数字，也可以是亲身经历、感受。**理论**可以是前人的经典著作、名人名言，可以是谚语、俗语，也可以是大家公认的常识，等等。

为了更有说服力，我们在选择论据时要注意：① 选择的事实必须是真实的，具有代表性的。②论据是为了证明论点的，论据与论点要统一。

1. 根据上面对论据的介绍，请指出下面这些论据属于哪一种类型。

（1）“坚持”的品质，在一个人的成才过程中发挥着重要的作用。中国的大画家齐白石出生在一个贫苦的农民家庭，12岁就干起了木匠活儿。但他自小就酷爱绘

画，七八岁时就开始练习，天天抽空儿画画儿。他经常在野外观察各种动植物的样子，晚上躺在被窝里用手指画草稿，经过数十年这样刻苦的练习，他终于成为一位有名的画家。

____

yí cùn guāngyīn yí cùn jīn, Time is money.

（2）我们应该珍惜时间。古人说，一寸光阴一寸金。高尔基也说过："世界上最快而又最慢，最长而又最短，最平凡而又最珍贵，最易被忽视而又最令人后悔的就是时间。"

____

（3）2010年又将是一个出国留学的高峰。2009年10月开展的一项调查显示，在接受调查的学生中，有57.56%的人计划一年内出国，计划两年内出国的占所有受调查者的24.67%，6个月内出国的占12.29%。

____

（4）现在越来越多的中国内地学生到香港读大学。在我的班上上课的就有10名（班上有45名学生），而5年以前是多少呢？只有1名。

____

2. 请指出下面的论点或者论据有什么问题。

（1）俄国化学家罗蒙诺索夫说过："不会做小事的人，也做不出大事来。"所以我们应该努力把大事做好。

____

____

（2）达·芬奇小时候到一位有名的老师那里学习画画儿。第一堂课老师教他画鸡蛋。他画了一个又一个，画了十几天，老师还是让他继续画鸡蛋，达·芬奇想不通，就问老师："为什么老是让我画鸡蛋？"老师告诉他：鸡蛋虽然很普通，但世界上没有绝对一样的鸡蛋。即使是同一个鸡蛋，角度不同，光线不同，把头抬高一点儿看，把眼睛放低一点儿看，这个蛋的形状就会有差异。因此，画蛋是基本功。达·芬奇从此努力练习画蛋。一年，两年，三年……他画鸡蛋的稿纸都快堆成了小山。后来他终于成为一个大画家。因此，我们一定要谦虚，不谦虚不能成功。

____

____

（3）现在越来越多的中国内地学生到香港读大学。在我的班上上课的就有10名（班上有45名学生），而5年以前只有9名。

____

____

四、写作练习

1. 请选择一个题目进行思考，并与同桌进行交流。

（1）你认为在校大学生应该打工吗？你打算用哪些证据来证明自己的观点？你的思路是什么？

（2）你认为大学里应该取消考试吗？你打算用哪些证据来证明自己的观点？你的思路是什么？

（3）你认为赌博产业是否应该存在？你打算用哪些证据来证明自己的观点？你的思路是什么？

2. 请根据上面的思考写一篇作文，题目自拟。字数不少于600字。

3

LESSON 3

第3课
游　记

10

一、小组讨论

你去哪里旅游过？给你印象最深的地方是哪里？为什么？和小组中的同学交流一下各自的经历。

二、热身练习

1. 阅读下面的文章，并回答问题。

郊外游记[①]

已经过了春节，但是这个北方小城的天气仍然有点儿寒冷，经常刮起冷风，一刮风，就会扬起满天的灰尘。在家休息的我也只好躲在屋子里。很想出去走

---

① 根据袁宏道《满井游记》改写，见袁行霈主编《历代名篇赏析集成·明清卷·上》，高等教育出版社，2009 年，第 145 页。

走，可是我一听到“飕飕”的风声，脑子里马上想：算了吧，还是明天再出去吧。

三月三日那天，天气稍微暖和些了，我和几个朋友约好一块儿出去走走。我们出了城市，又走了大概一个小时，来到了一条河的岸边——那条河叫丁河。

在这里，高大的柳树成排地站立在河岸的两旁，肥沃的土地已经有些湿润，一眼望去，非常开阔。我们好像是从笼子里飞出来的鸟儿一样无比轻松。这时田野开始换上了绿色的新衣服。河上的冰已经融化，水面闪着亮光，泛起一层层鱼鳞似的波纹，河水清澈极了，甚至都可以看到河底，亮晶晶的，好像里面有很多宝石一样。远处的山被融化的雪水洗过以后，是那样美好、纯洁，呈现出迷人的风姿，好像美

肥沃 féiwò fertile

鱼鳞 yúlín scales

风姿 fēngzī charm

丽的少女刚刚洗过头发一样。柳条将要伸展，却还没有完全伸展，柔嫩的细细的树枝在风中散开。来这里游玩的人不算很多，有的人正在搭建帐篷，有的人拿着相机拍照，有的人躺在草地上，还有一对情侣坐在河边的石头上幸福地聊天，旁边的柳树听着那些幸福的话也快醉了，随着风跳起舞来。那些在河岸上晒太阳的鸟儿，浮到水面上戏水的鱼儿，也都是一副悠闲自在的样子，甚至连鸟儿的羽毛、鱼儿的鳞片上都似乎充满了欢乐的气氛，仿佛在欢庆春天的到来。

春天已经来到了郊外，可是住在城里的人却还整天躲在家里不敢出来。我和这条丁河离得这么近，竟然也在屋子里抱怨春天为什么还不来。其实在我们抱怨的时候，郊外却已经慢慢洒满了春天的阳光。

不知不觉，已经到了傍晚，我们还不愿意回去。可是太阳下山了，天色渐渐暗了下来，我们只好回去。

（1）作者是什么时候出去游玩的？

______

（2）作者去了哪里？

______

（3）作者写了郊外什么景色？除了自然风景外，还有什么？

______

（4）郊游前后作者的想法有什么变化？

______

2. 阅读下面的文章，并回答问题。

香格里拉游记①

去年圣诞节去香格里拉之

①选自天涯网《云南（大理、丽江、香格里拉、泸沽湖）经典游记》，有删改。

前，我在研究住宿问题上确实花了不少工夫。有一天我在一个博客上看到一篇关于香格里拉的游记，游记中提到在“玛吉之家客栈”入住的感受，我被他关于窗外风景的描述吸引了，他说：“窗外就是绿草和水泊，草地碧绿，水泊湛蓝，天下着雨，一切都像洗过的一样。”于是“玛吉之家客栈”就成为我的最终选择。

汽车在香格里拉市区开了不到10分钟就到了客栈。客栈是一个两层楼建筑，一楼有一间大客厅，这时炉火正旺，屋子里面很暖和。

博客 bókè
blog

水泊 shuǐpō
lake

窗外的月亮又大又亮又圆，好像一个大银盘。也许是在高原的原因，我发现月亮大得令人惊奇。吃过晚餐，大家坐在客厅里交谈，玛吉讲她的故事，讲她心中的香格里拉。我一边听她说话，一边思索是怎样一种力量使她放弃了成都安逸的生活，来到这个冬天会将水管冻坏的高原。

第二天早上九点钟，我们开始出发去碧塔海和纳帕海旅游。这是我们今天主要的旅行目的地。

从客栈到碧塔海需要一个多小时的路程，一路上风景如画。

香格里拉是藏族区，一路上都可以看到藏族高大甚至可以说宏伟的民居。我们要去的“碧塔海”，藏语意思是“像牛毛毡一样柔软的海”。碧塔海距离香格里拉县城32公里。据说由于没有污染的缘故，碧塔海鱼类资源保存得较为完整，其中有一种是有

毡 zhān
a thick soft material made of wool, hair or fur that has been pressed flat

三个嘴唇的鱼——碧塔重唇鱼，距今已有250万年的历史。

碧塔海的停车广场几乎就修建在山的顶部。广场边上有一座白塔，从这里可以看到层层的群山。这里有一条下山的小路，小路两边是高高的松树，松树上挂满了一条条像带子一样的植物，随风轻轻摆动。顺着台阶走下去，眼前慢慢开阔起来，期待中的高原牧场出现在眼前：白的、黄的、绿的，各种颜色染过的草场上，牦牛在悠闲地吃草。远处是蓝天、白云，这里是牛羊的天堂。

游完碧塔海已经到了下午两点多了。从早上到此时连一名工作人员都没有看到，整个碧塔海就像只属于我们几个人一样，空阔而且安静。

接着我们离开碧塔海，坐汽车前往纳帕海。

纳帕海位于香格里拉县城的

牧场 mùchǎng pasture

牦牛 máoniú yak

西北部8公里。由于碧塔海在县城的东部，因此我们从碧塔海去纳帕海还是要回到县城，并穿城而过。

“纳帕海”藏语意思是“森林背后的湖”。纳帕海是高山季节性湖泊，是云南少有的亚热带高山沼泽地带，因此这里有肥沃的草场，成群的牛羊。

买了纳帕海景区的门票，我们骑马穿过湿地去湖边走了一趟。

这里的游客还是不多。骑马的藏族小伙子看到我们，高兴地在一旁展示着自己的骑马技术。骑马对他们来说似乎像是玩一件玩具。阳光下，藏民们在聊着家常，虽然听不懂，但觉得他们的样子很安逸。其实每个地方的人都有每个地方的活法，即使没有高楼大厦，没有大商场，没有演唱会，没有很多你觉得不能缺少的无论是精神还是物质的东西，人们依然可以过得很开心。起码

沼泽 zhǎozé swamp

他们是，起码玛吉是，起码为我们赶马的藏族小伙子是。

我们骑着马在开阔的沼泽地上向湖边前行。阳光不时地被一小块一小块调皮的云遮挡，草原和山坡一会儿亮，一会儿暗，真是好看。远处，有几十只黑颈鹤在湖边，有的在寻找食物，有的在天空飞翔。我们不忍心破坏它们宁静的生活，只是远远地观望。赶马的藏族小伙子说，在藏民的心中，黑颈鹤是神圣的鸟，因此，藏民非常喜欢它们，对它们非常爱护，它们也喜爱这里，每年9月份至第二年3月份都会飞到这里过冬。

看着太阳慢慢落下，湖面上呈现出金黄的太阳的影子，影子越来越长，今天愉快的旅程结束了，我们也该回到玛吉之家享受美味的晚餐了。

黑颈鹤 hēijǐnghè Grus nigricollis

颈 jǐng neck

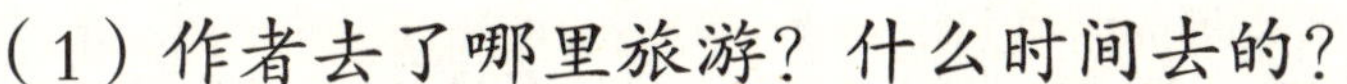

（1）作者去了哪里旅游？什么时间去的？

______

（2）作者为什么选择“玛吉之家客栈”？去了以后他对这家客栈的印象怎样？

______

（3）作者是怎样描述碧塔海的风景的？

______

（4）作者是怎样描述纳帕海的风景的？

______

三、写作小贴士

常用的修辞方法：比喻 拟人

比喻：也叫打比方，就是用某些有类似特点的事物来比拟想要说的某一事物。比如“他像个木头一样坐在那里”，就是把他比喻成木头，表示他一点儿也不动。再比如“妹妹的脸像一个红苹果”，就是把妹妹的脸比喻成红苹果，表示妹妹的脸色很红润。

拟人：就是把物（东西、动物等）当做人来描写，所以物（东西、动物等）就有了人的情感、动作等。比如“蜜蜂在花丛中跳舞”，实际上蜜蜂并不是在跳舞，而是在采蜜，作者把蜜蜂当成人来描写，所以蜜蜂就有了人的行为：跳舞。再比如“蜘蛛把苍蝇拖来拖去，等苍蝇累坏了，蜘蛛才高高兴兴地吃起来”，蜘蛛的“高兴”其实也是作者想象出来的，并不是蜘蛛真的有这种感情。

比喻和拟人修辞方法的运用都可以使文章更加生动。

☆ **下面的句子是从上面两篇文章中摘出来的，请说出它们使用了什么修辞方法。（A比喻，B拟人）**

（1）我们好像是从笼子里飞出来的鸟儿一样无比轻松。（　　）

（2）这时田野开始换上了绿色的新衣服。（　　）

（3）水面闪着亮光，泛起一层层鱼鳞似的波纹。（　　）

（4）远处的山被融化的雪水洗过以后，是那样美好、纯洁，呈现出迷人的风姿，好像美丽的少女刚刚洗过头发一样。（　　）

（5）一对情侣坐在河边的石头上幸福地聊天，旁边的柳树听着那些幸福的话也快醉了，随着风跳起舞来。（　　）

（6）窗外的月亮又大又亮又圆，好像一个大银盘。（　　）

（7）风景如画。（　　）

（8）松树上挂满了一条条像带子一样的植物。（　　）

（9）阳光不时地被一小块一小块调皮的云遮挡。（　　）

四、写作练习

1. 你旅游过的地方中印象最深的是哪里？请根据你的旅游经历画一幅图，它可以是一幅画，也可以是一幅路线图（以你当时的出发地为参照点），请尽量画得详细一些。

2. 想一想，如果对这幅图画进行描写记录，哪些内容可以使用比喻、拟人的修辞方法？

3. 请根据上面的练习写一篇作文，记录一下你的旅游经历，题目为“……游记”。字数不少于600字。

4

LESSON 4

第4课

推荐信

一、小组讨论

推荐就是把自己认为好的人或东西介绍给别人，希望对方接受。请你把你觉得很好的某个东西推荐给某个同学，看看他接受不接受，并请他谈谈接受或者不接受的原因。（提示：可以推荐一种化妆品、一款手机、一本书、一部电影……甚至一个朋友。）

二、热身练习

1. 阅读下面的文章，并回答问题。

推荐信

"优秀留学生奖学金"评审委员会：

您好！

得知"优秀留学生奖学金"开始接受申请，作为班主任，我非常愿意推荐我班菊泽优太同学，希望他能够获得本

得知 dézhī know

次奖学金的资助。

我担任菊泽优太同学的班主任已经一年左右了，在这一年多的时间里，菊泽优太同学的表现是非常优秀的。（我认为他是我们班，甚至是全学院最优秀的留学生之一。）第一次见到他是在我的口语课上，当时同学们之间互相不认识，可是下课后，菊泽优太同学主动请大家留下联系方式，第二天他就制作了精美的通信录发给大家。这件事给我留下了很深刻的印象。

正是因为菊泽优太同学的热心，同学们都一致选举他当班长。他也不负众望，经常组织大家聚会、旅游等，可以说他不仅为人热情，而且很有组织能力，每件事情都安排得非常周到，让大家感觉到了集体的温暖，互相之间建立起

资助 zīzhù
financial support

选举 xuǎnjǔ
vote, elect

了亲密的关系。菊泽优太同学对人非常真诚，同学、老师都很喜欢他。

菊泽优太同学学习汉语也非常努力，尤其是口语提高很快。来上海以前他在日本学过两年汉语，虽然已经通过了HSK六级，但他仍然觉得自己离理想的目标还有很大的距离，因此，不仅上课的时候认真听讲，积极回答问题，而且平时也抓紧一切机会跟中国人交流。他原来听力不太好，所以在课下他每次都把听力材料听上三四遍，平时也注意听广播，慢慢地，他的听力成绩也提高了。正是因为他的努力，在期末考试的时候，他所有的课程成绩都是A。

在上海世博会期间，菊泽优太同学还参加了世博会的志愿者活动，为世博园区的日本游客做翻译和导游。他的志愿者工作做得非常成功，得到了游客们的肯定和赞扬。

“优秀留学生奖学金”是市政府对优秀留学生的鼓励和奖励，这个奖项的设立有利于促进国际间的交流，有利于展现各国优秀留学生的风采，有利于加深留学生对中国的印象与感情，是一件很有意义的事情。我觉得菊泽优太同学是一位很优秀的留学生，符合各方面的条件，因此我非常乐意推荐他成为“优秀留学生奖学金”的候选人。

此致

敬礼！

上海大学汉语学院教师：李均

2011年3月20日

奖励 jiǎnglì
award

（1）这封推荐信是谁写给谁的？推荐人是做什么工作的？

______

（2）被推荐人是谁？

______

（3）被推荐人和推荐人之间是什么关系？他们互相之间熟悉吗？

______

（4）推荐人认为被推荐人在哪些方面表现很优秀？

______

2. 阅读下面的文章，并回答问题。

自我推荐信①

尊敬的北京大学招生办老师：

您好！

我叫陆小金，男，今年20岁，是北京四中高三（3）班的学生。在这里，我郑重向您自我推荐进入贵校学习，实现自

招生办 zhāoshēngbàn admission office

郑重 zhèngzhòng earnestly

① 高考网根据《高三学生写给北邮的自荐信》改编。

己的梦想。

从小学一直到现在，我的学习成绩都比较优秀。我喜欢学习各种知识，喜欢坐在教室里听老师讲课，也喜欢挑战自己不懂的难题，如果通过自己的努力得到了答案，我就会感到非常大的快乐。所以我的成绩在班里一直都名列前茅。

从小学、初中到高中，我在班里一直担任班长，同学和老师给了我许多鼓励和帮助，我的工作得到了同学们的支持和老师的认可，我也因此被多次评为校、区“三好学生”、“优秀学生干部”。

我很喜欢看书，像爸爸一样是个“书虫”，也喜欢滑冰、朗诵、弹琴、玩游戏，总之爱好很广泛。我最喜欢的是朗诵。当

名列前茅
míng liè qiánmáo
be among the best of candidates

一句句诗意的语言使我的心灵感动的时候，我通常把它大声读出来，我觉得只有这样才能得到心灵的升华。

我有时会冷静地去思考、处理问题，但绝大多数时候，我是一个喜欢蹦蹦跳跳、说话直来直去的人。我善于理解别人，我会在朋友最伤心时送去关心，在朋友失败之后送去安慰，鼓励他抬起头看一看未来的风景。这都是因为小时候妈妈曾告诉我：“让别人快乐就是我们最大的快乐！”

正因为我的性格特点，我特别喜欢新闻学，特别羡慕那些敢讲真话、文采飞扬的记者们，所以在学校里，虽然学习很忙，但我还是担任了学校校报的记者。上个学期我们报道了同学们对学

文采 wéncǎi
literary grace

校食堂的意见，协助学校改进了食堂的饭菜质量；我们还报道了同学们为四川地震灾区捐款的情况，推动了全校的献爱心活动。这些活动使我得到了很好的锻炼，也使我更加热爱新闻这个专业。

小时候，贵校就是我向往的知识殿堂。那时，我认识一位王先生，他非常优秀，可以说是我的偶像，他就是贵校八六届的毕业生。现在我高三了，我毫不犹豫地选择贵校，这不仅因为贵校是国内知名的大学，不仅因为贵校的校园文化丰富多彩，也不仅因为贵校的新闻学专业非常有名，更重要的是贵校有着浓厚的自由开放的学术气氛。

虽然我的学习成绩跟别人相比可能还不是最好的，但是我相信如果能成为贵校的学生，我一

殿堂 diàntáng palace

定会用我的真诚和努力，成为一名优秀学生，“今天我因为学校而自豪，明天学校因为我而骄傲”，恳请贵校给我机会，实现我的梦想。

谢谢！

此致

敬礼！

陆小金

2011年2月19日

恳请 kěnqǐng earnestly request

（1）和前一封推荐信相比，这封推荐信的推荐人和被推荐人有什么不同？

______

（2）推荐人向谁提出推荐意见？

______

（3）推荐人认为自己哪些方面比较优秀？

______

（4）推荐人为什么对北京大学很感兴趣？

______

（5）推荐人对自己有信心吗？他是怎么表达的？

三、写作小贴士

常用修辞方法：排比

排比是一种修辞方法，指的是将三个或三个以上意义相关、结构相同或者相似的词组或句子并列在一起，达到加强语势的效果。它可以使文章的节奏感加强，条理性更好，有利于表达强烈的感情。

比如文中的句子："我毫不犹豫地选择贵校，这不仅因为贵校是国内知名的大学，不仅因为贵校的校园文化丰富多彩，也不仅因为贵校的新闻学专业非常有名，更重要的是贵校有着浓厚的自由开放的学术气氛。"

再如：

"自私是一面镜子，镜子里永远只看得到自己；自私是一块布，蒙住了自己的眼睛，看不见别人的痛苦；自私是一层玻璃，看上去透明，却始终隔开了彼此的距离。"

请朗读下面的排比句，体会一下排比这种修辞方法在增强语势方面的作用。

（1）"优秀留学生奖学金"是市政府对优秀留学生的鼓励和奖励，这个奖项的设立有利于促进国际间的交流，有利于展现各国优秀留学生的风采，有利于加深留学生对中国的印象与感情，是一件很有意义的事情。

（2）桃树，杏树，梨树，都开满了花。红的像火，粉的像霞，白的像雪。好看极了。

（3）读书累时，父母为我们削个苹果，这是感动；口渴时，同学为你倒上一杯茶，这是感动；失败时，老师送上一句鼓励的话，这是感动；成功时，朋友和你一起分享，这是感动。

四、写作练习

1. 假设你希望进入某企业工作，请写一封自我推荐信。字数不少于200字。（尽量使用排比的修辞方法）

2. 假设你是老师，你的一位学生想申请就读某大学的研究生，请为他（她）写一封推荐信。字数不少于300字。（尽量使用排比的修辞方法）

5

LESSON 5

第5课
活动报道

一、小组讨论

在你参加或观看过的活动中（比如演讲比赛、运动会、联欢晚会等），你对哪次活动印象最深？请告诉你的同桌，并了解一下他/她印象最深的活动。

二、热身练习

1. 阅读下面的文章，并回答问题。

长江大学首届留学生才艺大赛活动报道

9月29日晚上，长江大学学生广场灯火辉煌，经过三个多月的准备、初赛、复赛，长江大学首届留学生才艺大赛的决赛隆重开幕，这次比赛吸引了来自校内

才艺 cáiyì
talent and skill

外众多老师和同学的关注。

六点半，主持人陈静西、阿马维对初赛、复赛进行了回顾，对决赛的赛制进行了介绍，接着比赛在紧张热烈的气氛中开始。

刚开场，第一位参赛者安东尼奥的嗓音稍微有点儿沙哑，但正是这样的嗓音才唱得出那么有味道的情歌，台下的观众听得都陶醉了。接下来，洛克带来了富有激情的独舞，热情奔放的节奏和富有力量的表演一下子就把比赛带向了第一个高潮。表演完毕，观众们热烈鼓掌、叫好。两位瘦瘦高高的同学——桑伯伦与怀特带来的节目是吉他弹唱，他们配合默契，演奏了温馨、轻快的乐曲。黄明翔的笛子独奏和三位日本同学的舞蹈为观众们带来了非常有特色的民族风情，仿佛把观众一下子带到了印度尼西

沙哑 shāyǎ
hoarse

亚、带到了日本。而亚历克斯和钱真露的双人歌舞表演则更加富有激情和活力，激起了台下观众们的一阵阵欢呼，观众甚至跟着一起唱起来，很快，他们把整个比赛推向了第二次高潮。接着，吴佳贤表演了一段京剧，一字一句，非常地道，让观众非常佩服。来自巴西的雷纳托表演了中国功夫“醉拳”，他的一招一式都很专业，值得一提的是，他把中国功夫和巴西足球结合在一起，自己“创造”出一套特别的“功夫”，引得大家哈哈大笑又连连点头，比赛第三次达到了高

潮。最后，梅若霞深情的诗朗诵又把大家带入无尽的想象中。

经过紧张而又令人激动的评选，主持人宣布，来自巴西的雷纳托以其精彩的“醉拳”节目，获得本次比赛第一名，成为长江大学首届留学生才艺大赛最高奖的得主。

得主 dézhǔ
winner

（1）这是一场什么比赛？说一说这次比赛的时间和地点以及参赛者。

（2）这次比赛的主持人是谁？

（3）这篇活动报道总共写了几位参赛者？

（4）这场比赛出现了几次高潮？

（5）最后谁得到了最高奖？

2. 阅读下面的文章，并回答问题。

第三届趣味体育比赛“赶猪跑”活动报道[1]

11月25日上午9点30分，第三届趣味体育比赛“赶猪跑”正式开始。本次比赛由学生会主办，比赛的前期准备工作得到了学校体育部的大力支持。比赛的地点在南区运动场，组织者事先布置好场地，准备了篮球、排球、竹竿等相关用品。“赶猪跑”是一个传统的趣味体育项目，比赛在20米直线跑道上进行，比赛中赶的并不是真的猪，而是篮球、排球，方法是参赛者在起点用竹竿推动篮球、排球两个大小不同的球，同时把它们推向终点，谁第一个到达终点，谁

趣味 qùwèi fun

事先 shìxiān in advance

① 根据《物理研究生寝室文化节之室外竞技——“赶猪跑”与骑慢车比赛圆满结束》改写，网址：http://gs.dlut.edu.cn/yanhui

就是胜利者。要求是：在“赶猪跑”过程中，只要有任何一个球滚出跑道，就得重新开始；只能用竹竿，不能用手或脚。

比赛还没有开始，周围就已经聚集了很多同学，有的还组成了拉拉队，为参赛者加油。裁判宣布了比赛规则后，比赛就正式开始了。一听到“开始”，第一轮五名参赛者一下子就冲了出去。把两个不一样大小的球放在这样一个很窄的跑道中，又要用竹竿去拨动，可真不简单。果然，王强一不小心就把“猪”赶出了跑道，只能回到起点重新再来。张新的眼睛睁得大大的，可是偏偏两个球不听他的，一个向左跑，一个却向右跑，把张新忙得不得了，旁边的观众有的哈哈大笑，有的替他着急，有的大声为他加油。第一轮比赛的结果是

聚集 jùjí
gather

钱小小最快。在观众的呐喊声中比赛又进行了四轮。

激动人心的决赛开始了，参赛者是每一轮比赛的获胜者。随着裁判的一声“开始”，五位“赶猪”者灵活地赶起了“猪”，可是很快徐凯犯了规——在看到球快滚出跑道的时候，他用脚踢了一下（他是校足球队的），结果被裁判判定犯规，又回到了起点。其他选手则跑得差不多快，他们似乎慢慢摸索出一种“赶猪”的技巧。哈斯发明了一种方法，大家称之为“切菜法”。他像切菜一样在两只球的两边推，结果“猪”被稳稳地推着向前滚去。正当大家为哈斯鼓掌的时候，徐凯竟然从后面赶了上来，于是哈斯和徐凯展开了对冠军的争夺，最后经过激烈的竞争，徐凯以微弱的优势赢

呐喊 nàhǎn
loud shout in support

犯规 fàn guī
break the rule

得了冠军，哈斯获得亚军，钱小小获得了第三名。

这场比赛不仅锻炼了同学们的身体，而且给大家带来了很多乐趣，大大丰富了同学们的课外生活。

（1）这次活动的名称是什么？

______

（2）这次活动的时间、地点是什么？

______

（3）这项活动的比赛规则是什么？

______

（4）第一轮参赛者中谁把“猪”赶出了跑道？

______

（5）徐凯为什么犯规了？

______

（6）本次比赛的冠军、亚军和第三名分别是谁？

______

（7）这次比赛有什么意义？

______

三、写作小贴士

叙事“六要素”

叙事的“六要素”是指事情发生的**时间**、**地点**、**人物**，事情的**起因**、**经过**和**结果**。把事情的“六要素”交代清楚，是叙事的最基本要求。只有把这些要素交代清楚，才会使读者对事情有一个全面的了解。

当然，有时候在叙述中也可以省略其中的一两个要素。

1. 阅读“长江大学首届留学生才艺大赛活动报道”，请说明一下这个活动的“六要素”是什么？

（1）时间：____________________

（2）地点：____________________

（3）人物：____________________

（4）起因：____________________

（5）经过：____________________

（6）结果：____________________

2. 阅读“第三届趣味体育比赛‘赶猪跑’活动报道”，请说明一下这个活动的“六要素”是什么？

（1）时间：____________________

（2）地点：____________________

（3）人物：____________________

（4）起因：____________________

（5）经过：____________________

（6）结果：______

四、写作练习

1. 想一想，你参加的活动中印象最深的活动是什么，请把这个活动的“六要素”写下来。

2. 在上述基础上，写一篇活动报道。字数不少于600字。

6

LESSON 6

第6课

获奖感言

一、小组讨论

你获得过什么奖？你最希望获得什么奖？为什么？

二、热身练习

1. 阅读下面的文章，并回答问题。

演讲背景： 金波是一位儿童文学作家，2004年11月26日他的长篇童话《乌丢丢的奇遇》获得了中国作家协会第六届全国优秀儿童文学奖，下面是他当时的获奖感言，它表达了金波先生对儿童的关爱，对儿童文学的热爱，对儿童文学的真、善、美以及向上精神的追求。

《乌丢丢的奇遇》获奖感言[①]

金波

这部长篇童话能获得这次

① 根据金波《为了儿童的文学——金波儿童文学评论集》改写，湖南教育出版社，2006年，第348页。

全国优秀儿童文学奖，对我有着特殊的意义。在出版了五十多本儿童图书以后，我唯一的一部长篇童话得了奖，是我完全没有想到的。此前，我曾四次获得过该奖项的诗歌奖，这次能获得童话奖，对我来说，非常珍贵。我这并不长的长篇童话，本来是从短短的四行诗里发展出来的故事。这四行诗是：

我们每天在接受着别人的爱，
我们更不该忘记用爱来回报；
就像走上人生之路，
你必须迈开左右脚。

它概括了这个童话的主题，表达了我对人的生命本质的思考。同时，我也再一次体验到了人生选择的快乐。大约在半个世纪前，我选择了儿童文学，不只是阅读，而且是用笔把属于儿童的记忆写下来。这就是说，我选

择了我感兴趣的一方净土，并在那里种下最初的几粒种子。

我选择了儿童文学，就是选择了纯真、爱和美。当我看到我种下的种子发芽的时候，我开始意识到儿童文学也选择了我，它让我明确了一种责任。这种双向的选择，让我获得了一个永远是春天的精神家园。

为孩子写作，不仅仅是兴趣和荣誉，而且是心灵上的成长。一个儿童文学作家，不仅仅是用作品帮助孩子身心成长，也在创作中自我成长，一生都不会停止地成长。我想起一位老诗人赠给我的两句话："做儿童的老师，做孩子的学生。"这两种身份，只有从事儿童文学创作的人才能真正地体会到。

我手捧着这沉甸甸的奖杯，它在我的幻想中，变成了一颗蒲

净土 jìngtǔ
Pure Land

沉甸甸 chéndiàndiàn
heavy

公英种子，小时候的我曾经对那些蒲公英的种子唱道：“蒲公英，蒲公英，飞起来呀！飞起来！”我想，一个从事儿童文学创作的人，应当有一颗会飞翔的心，就像一颗蒲公英的种子……

感谢生活，生活不断地提供给我写作的灵感；感谢写作这个工作，写作让我的生活更充实、更有意义；感谢读者，读者的肯定是对我工作的最大肯定。今天是一个新的起点！谢谢！

灵感 línggǎn inspiration

（1）作者的长篇童话获奖，对作者有什么意义？

____

（2）哪首诗可以概括这篇童话的主题？

____

（3）作者是什么时候开始从事儿童文学写作的？

____

（4）作者怎样看待为孩子写作这件事？

____

（5）作者对哪些人与事表达了感谢？

2. 阅读下面的文章，并回答问题。

演讲背景：迈克尔·戴尔是戴尔公司创始人、董事会主席。下面这篇文章是他在美国消费者电子协会举办的“电子爱国者创新奖”颁奖典礼上的获奖感言，这篇感言充满了乐观、自信和责任感。

戴尔的创新[1]

迈克尔·戴尔

首先感谢评奖委员会颁发给我这个“电子爱国者创新奖”！

我在7年级的时候开始有机会使用计算机，对这个新工具带来的变化感到很入迷。15岁时，我买了自己的第一台计算机，很快就把它拆了，因为想知道它到底是怎么运作的。当时作为一个用户，我注意到了几个事情：第一，从技术开发到最终的客户，

运作 yùnzuò operate

① 根据《戴尔称每年销售大约4千万台计算机！》改写，网址：http://article.pchome.net

这期间花费的时间太长，通常要一年甚至更久；第二，通过店铺销售计算机的公司效率低下，而且产品价格很高；第三，销售产品的人通常对产品一无所知，更糟糕的是，他们不能提供技术支持或服务。

对我来说，这看起来像是个绝佳的机会。于是在1984年，也就是大一那年，我创办了自己的公司。当时我的想法很简单——向用户直接销售计算机。幸运的是我身处美国，在这里新想法很多，即使是19岁的从大学退学的学生也能有新想法。23年很快过去了，公司运转良好。那是一个好开端，就像我爸爸说的那样。现在，我们每年销售大约4000 万台计算机。

我深信关系和社区产生的巨大能量。我们的企业博客每月

一无所知
yì wú suǒ zhī
know nothing
(about it)

点击率超过250万次，最近我们还开通了一个很有意思的网站。客户在网上提交他们的想法，告诉我们在产品和服务方面该如何做。其他的客户可以对这些想法进行投票，也可以进行评论。其中有些好的想法我们已经实施了。

我最近思考了很多如何保护我们的环境的问题。我们知道，每台计算机都有一定的生命周期，当它们不能再使用时我们该如何处理它们呢？这个问题的答案对我们的环境至关重要。所以，戴尔已经开始在担负环境责任方面起带头作用。在业界，我们率先在全球免费回收自己的产品以及我们竞争对手生产的产品。

同时，我们也在努力使我们所有的产品更加节能。让我们在全球范围内来考虑这个问题：戴尔去年卖出了大约2370万台台式电脑，如果它们都有我们最新台式电脑所具有的节能功能，消费者应该可以节约大约16亿美元的电费开支。我们还会极大地减少二氧化碳的排放，相当于一年内在路上少了250万辆轿车。

我们最近启动了一个名为“为我种一棵树”的项目，让消费者可以弥补他们的电脑产生的二氧化碳给环境带来的危害。所以，我们的客户不仅仅是购买了一台笔记本电脑，他们也种下了

弥补 míbǔ make up

一棵树，我们一起对环境保护作出了贡献。我相信，只要这个世界上的你、我、他都有这样的环境保护意识，环境污染就会越来越少，这个世界就会越来越美丽。

（1）迈克尔·戴尔获得了什么奖？

____

（2）戴尔买第一台计算机时，作为用户他注意到了什么？

____

（3）戴尔创办公司的想法是什么？

____

（4）戴尔公司在保护环境方面是如何做的？

____

三、写作小贴士

得体地表达自己的心情

要做到“得体”地表达自己的心情，就要尽量使自己的语言符合语言环境的要求，不仅要运用合适的语言形式恰当地表达自己的心情，而且这种语言形式也能够适合与听话人相关的各种因素。

语言形式包括口语和书面语。**口语**一般句子较短、结构比较松散、语言简单明白；**书面语**则一般句子较长、结构比较严密、语言比较文雅。此外，只有充分考虑听话人（读者）的身份、场合、关系、文化习俗等因素，才能得体地表达自己的心情。

请找出下列句子中你觉得不得体的地方，并说明理由。

（1）小丽，几年没见，你怎么这么胖了啊？

______

（2）今天我拿到了这个奖，我很高兴，我觉得这个奖早就应该发给我……

______

（3）小明在太祖母95岁的生日会上说："祝太祖母健康长寿，至少活到98岁！"

______

（4）您来拜访我，我非常感动。

______

四、写作练习

你最希望拿到什么奖项？假设你现在拿到了这个奖项，请写一篇获奖感言。不少于500字。

______

7

LESSON 7

第7课

会议记录

一、小组讨论

讨论一下如何解决最近本班在学习或生活上的问题（比如：关于迟到、旷课的问题，如何搞一次班级集体活动等），各自把讨论的内容记录下来。

二、热身练习

阅读下面的会议记录，并回答问题。

城南开发区管委会会议记录①

时间：2011年3月12日上午9点

地点：城南开发区管委会会议室

主持人：李兵（管委会主任）

出席人：周一虎（管委会副

管委会
guǎnwěihuì
management committee

① 根据吴作歆、杨翾主编《应用写作基础实训》改写，科学出版社，2007年，第241页。

主任）、李方海（城市建设科科长）、肖南天（工商局副局长）、罗真言（工商局某科长）、李力（区建设委员会副主任）、街道居委会负责人。

列席人：管委会其他人员

记录人：邹小明（管委会办公室秘书）

讨论议题：

1. 如何整顿城市市场秩序。
2. 如何制止违章建筑、维护城市面貌。

李兵主任报告城市现状：

我们开发区过去在城市文明建设方面取得了一定的成绩，市场秩序有了一定的进步，街道面貌也比较好。可是近几个月来，城市秩序倒退了，蔬菜摊、水果摊到处乱摆，一些建筑施工单位乱堆建筑垃圾，泥土撒落在大街上……这些情况严重地破坏了城

居委会 jūwěihuì neighborhood committee
列席 lièxí sit in

议题 yìtí topic for discussion
整顿 zhěngdùn rectify
违章 wéizhāng unauthorized

市面貌，使城市变得又乱又脏。市民对此很有意见，因此今天请大家来研究一下：如何整顿市场秩序；如何制止违章建筑，维护城市面貌。

讨论发言（按发言顺序记录）：

肖南天（工商局副局长）：有的经营者不按规定到指定市场经营。对这种事没有进行很好的管理，我们有责任。我们对有关规定要加强宣传，尤其是请卖蔬菜、水果的农民到专门的市场去卖，也希望街道居委会能够配合。

指定 zhǐdìng designated

罗真言（工商局某科长）：市场是到了非整顿不可的地步了。我们的规定、办法都有了，现在的问题是要有人做、敢去做。……

李　力（区建设委员会副主

任）：去年上半年市里发了一个7号文件，其中规定建筑单位不能乱建工棚、不应该侵占人行道。在街道旁边施工时要有安全防护…… 今年有的施工单位不顾文件的规定，在人行道上搭建工棚、堆放材料，运泥土的车经常把泥沙撒落在马路上，这些做法严重地影响了街道的整洁、美观，也威胁到行人的安全。希望管委会召集施工单位开一次会，要求他们在规定的时间内改正，否则按文件规定处罚。

周一虎（管委会副主任）：关于城市管理，我们都有规定，现在关键是怎么去做，工商局是主要的力量，其他部门也要配合行

施工 shīgōng construct

工棚 gōngpéng builders' temporary shed

动……我们的城市才会更加文明、清洁。

参加会议的人员经过充分讨论，一致决定：

1. 由工商局领导，居委会及其他部门配合，会后第一个星期宣传，第二个星期行动，要彻底改变本区的混乱状况。

2. 会后，管委会对全区建筑工地马上进行一次检查，然后召开一次施工单位会议，责令施工单位一个月内改变面貌。逾期不改者，坚决按照规定处理。

主持人签名：李　兵

记录人签名：邹小明

2011年3月12日

责令 zélìng order, instruct

逾期 yúqī overdue

（1）说一说会议主要讨论了什么问题？

______

（2）关于这些问题，有几个人发言，他们是谁？

______

（3）会议的最后决定是什么？

三、写作小贴士

会议记录的格式

会议记录主要包括两个部分：一部分是**会议的基本情况**，包括名称、时间、地点、出席人、列席人、缺席人、主持人、记录人等。另一部分是**会议的内容**，包括讨论的问题、发言的内容、作出的决定或得出的结论等。后一部分是会议记录的核心部分。

会议记录发言内容可以分为摘要式和全文式两种。大部分的会议只要记录发言的主要内容，不必全部写下来；而某些特别重要的会议或者特别重要的人物的发言，则需要记录下全部内容。可以使用录音笔、手机等录音设备，帮助记录。

☆ 请写出上面记录的会议的名称、时间、地点、出席人、列席人、主持人、记录人。

会议名称：

会议时间：

会议地点：

主持人：

出席人：

列席人：

记录人：

四、写作练习

把本课开始时“小组讨论”所做的记录汇总起来，整理成一份会议记录。

8

LESSON 8

第8课

复　习

一、小组讨论

在这个学期的写作练习中，你觉得哪一课的练习对你帮助最大？哪一课的练习对你来说最难？

二、重新阅读

重新阅读写作练习本中的七篇作业，列出每次作业中你的主要语言错误，并自己订正。

<table>
<tr><th>题　目</th><th colspan="2">错误与订正</th></tr>
<tr><td rowspan="2">1. 申请书</td><td>错误</td><td></td></tr>
<tr><td>订正</td><td></td></tr>
<tr><td rowspan="2">2. 发表议论</td><td>错误</td><td></td></tr>
<tr><td>订正</td><td></td></tr>
<tr><td rowspan="2">3. 游记</td><td>错误</td><td></td></tr>
<tr><td>订正</td><td></td></tr>
<tr><td rowspan="2">4. 推荐信</td><td>错误</td><td></td></tr>
<tr><td>订正</td><td></td></tr>
</table>

<table>
<tr><th>题　目</th><th colspan="2">错误与订正</th></tr>
<tr><td rowspan="2">5. 活动报道</td><td>错误</td><td></td></tr>
<tr><td>订正</td><td></td></tr>
<tr><td rowspan="2">6. 获奖感言</td><td>错误</td><td></td></tr>
<tr><td>订正</td><td></td></tr>
<tr><td rowspan="2">7. 会议记录</td><td>错误</td><td></td></tr>
<tr><td>订正</td><td></td></tr>
</table>

三、交换阅读

和你的一位同学交换写作练习本，阅读他/她的作业，并选出你觉得他/她写得最好的一篇，看看里面有哪些值得你学习的好的词语和句子，把它们写在练习本上。

四、重新写作

找出你最不满意的一次作业，想一想为什么你感到最不满意，请在写作练习本上重新写一遍。

词汇表
Vocabulary

第1课

迈	mài	take (a step)
化妆	huàzhuāng	make-up
行列	hángliè	rank
批准	pīzhǔn	approve
特地	tèdì	specially

第2课

早恋	zǎoliàn	fall in love at an early age
堕落	duòluò	degenerate
发情期	fāqíngqī	(the) rut, heat (period)
伦理	lúnlǐ	ethic
规规矩矩	guīguijūjū	behave oneself
误入歧途	wù rù qítú	go astray
岂	qǐ	*used to introduce a rhetorical question*
未必	wèibì	unnecessarily
善意	shànyì	good will
由此看来	yóu cǐ kànlái	therefore
场合	chǎnghé	occasion
重申	chóngshēn	reiterate
一寸光阴一寸金	yí cùn guāngyīn yí cùn jīn	Time is money.

第3课

肥沃	féiwò	fertile
鱼鳞	yúlín	scales
风姿	fēngzī	charm
博客	bókè	blog
水泊	shuǐpō	lake
毡	zhān	a thick soft material made of wool, hair or fur that has been pressed flat
牧场	mùchǎng	pasture
牦牛	máoniú	yak
沼泽	zhǎozé	swamp
黑颈鹤	hēijǐnghè	Grus nigricollis
颈	jǐng	neck

第4课

得知	dézhī	know
资助	zīzhù	financial support
选举	xuǎnjǔ	vote, elect
奖励	jiǎnglì	award
招生办	zhāoshēngbàn	admission office
郑重	zhèngzhòng	earnestly

名列前茅	míng liè qiánmáo	be among the best of candidates
文采	wéncǎi	literary grace
殿堂	diàntáng	palace
恳请	kěnqǐng	earnestly request

第5课

才艺	cáiyì	talent and skill
沙哑	shāyǎ	hoarse
得主	dézhǔ	winner
趣味	qùwèi	fun
事先	shìxiān	in advance
聚集	jùjí	gather
呐喊	nàhǎn	loud shout in support
犯规	fàn guī	break the rule

第6课

净土	jìngtǔ	Pure Land
沉甸甸	chéndiàndiàn	heavy
灵感	línggǎn	inspiration
运作	yùnzuò	operate
一无所知	yì wú suǒ zhī	know nothing (about it)
弥补	míbǔ	make up

第7课

管委会	guǎnwěihuì	management committee
居委会	jūwěihuì	neighborhood committee
列席	lièxí	sit in
议题	yìtí	topic for discussion
整顿	zhěngdùn	rectify
违章	wéizhāng	unauthorized
指定	zhǐdìng	designated
施工	shīgōng	construct
工棚	gōngpéng	builders' temporary shed
责令	zélìng	order, instruct
逾期	yúqī	overdue

部分练习参考答案

第1课　申请书

二、热身练习

1. 阅读下面的申请书，并回答问题。

（1）标题：位置居中；指明申请的主要内容。

称呼：顶格；提交申请的对象前面有尊敬的称呼。

署名：在右下方。

（2）小山明日美。申请缓考。

（3）重要。因为这是日本的风俗，每个人只有一次参加“成人式”的机会，参加“成人式”不仅可以见到很多小学、中学的同学和朋友，更重要的是，在成人式上宣誓、接受长者的祝贺，在她看来，是加入成人行列的一个标志。这样一来，才能把“成人节”作为人生的一个新起点，继续努力实现自己的梦想。对她来说，这是一个难得的仪式。

（4）重要。申请缓考。

（5）会。因为她说明了申请缓考的理由，而且这个理由也合情合理。

2. 阅读下面的申请书，并回答问题。

（1）杰克

（2）老师

（3）本学期的口语课程

（4）他觉得口语课的内容对他来说太容易了。另外，他想去听“新词新语与当代社会”的课程，但上课的时间正好跟口语课冲突。

三、写作小贴士

想一想，下面哪些称呼方式是合适的，哪些是不合适的，应该怎么说？

（1）不合适。应该说：尊敬的王静老师。

（2）不合适。应该说：王阿姨好。

（3）合适。

（4）不合适。应该说：尊敬的校领导。

（5）不合适。应该说：亲爱的爷爷或者爷爷。

第2课　发表议论

二、热身练习

1. 阅读下面的文章，并回答问题。

（1）回答下面的问题。

1）中学生谈恋爱是合理的。

2）没道理。从生物学角度来说，恋爱就是到了发情期。动物一旦到了发情期，它们就会繁殖、交配。人一到了发情期，就会恋爱。

3）耽误学习。

4）为了证明：允许学生谈恋爱不但不影响学习成绩，反而可以提高学习成绩。

5）多和他们交流，及时指导他们，帮助他们解决问题，免得犯错。另外，为了防止他们在谈恋爱的过程中误入歧途，我们可以设立专门的帮助机构。

6）总结自己的观点，并进一步强调。

（2）选择合适的内容填在下面一段话的空格处。

作者首先批评了D和B两种观点，接着提出了E，并进一步说明怎样

C，最后总结说明A。

2. 阅读下面的文章，说明作者的写作思路。

作者的写作思路是：一开始作者就直接提出了谎言未必不可说的观点，认为善意的谎言可以说，而且有的时候还很重要。为此，作者引用了一个祝贺生日时应该说好听的“假话”的故事来证明有时谎言是必要的，最后作者重申了谎言未必不可说的观点。

三、写作小贴士

1. 根据上面对论据的介绍，请指出下面这些论据属于哪一种类型。

（1）用具体事例证明观点。

（2）用谚语和名人名言证明观点。

（3）用数字证明观点。

（4）用自己的亲身经历证明观点。

2. 请指出下面的论点或论据有什么问题。

（1）“不会做小事的人，也做不出大事来”，这句话的意思是“把小事做好，才能做大事”，不能证明“我们应该努力把大事做好”的观点。

（2）达·芬奇画鸡蛋的故事说明做好小事才能做成大事，不能证明“不谦虚不能成功”的观点。

（3）从数字上来看，从9名到10名不能证明有越来越多的中国内地学生到香港读大学。

第3课　游记

二、热身练习

1. 阅读下面的文章，并回答问题。

（1）过了春节，三月三日那天。

（2）郊外丁河的河边。

（3）作者描写了郊外的柳树、土地、河水、远山等自然景色。除了自然景色，还有来这里游玩的人等。

（4）郊游前抱怨天气寒冷，春天不来；郊游后感到郊外已经慢慢洒满了春天的阳光，心情愉快。

2. 阅读下面的文章，并回答问题。

（1）作者去了香格里拉，时间是去年圣诞节。

（2）选择“玛吉之家客栈”是因为：作者在一个博客上看到一篇关于香格里拉的游记，游记中提到在“玛吉之家客栈”入住的感受，作者被其中关于窗外风景的一段描述吸引了。入住这家客栈后，他感觉很满意。

（3）碧塔海的风景：高高的松树，松树上挂满了一条条像带子一样的植物，随风轻轻摆动。高原牧场有白的，有黄的，有绿的。像被各种颜色染过的草场上，牦牛在悠闲地吃草。远处是蓝天、白云，这里是牛羊的天堂。

（4）纳帕海的风景：这里有开阔的沼泽地，肥沃的草场，成群的牛羊。阳光不时地被一小块一小块调皮的云遮挡，草原和山坡一会儿亮，一会儿暗，真是好看。远处，几十只黑颈鹤在湖边，有的在寻找食物，有的在天空飞翔。

三、写作小贴士

下面的句子是从上面两篇文章中摘出来的，请说出它们使用了什么修辞方法。（A比喻，B拟人）

（1）A　（2）B　（3）A　（4）A B　（5）B

（6）A　（7）A　（8）A　（9）B

第4课　推荐信

二、热身练习

1. 阅读下面的文章，并回答问题。

（1）这封推荐信是李均写给“优秀留学生奖学金”评审委员会的，推荐人是上海大学汉语学院的教师。

（2）被推荐人是菊泽优太。

（3）被推荐人是推荐人的学生，他们之间非常熟悉。

（4）推荐人李均老师认为被推荐人菊泽优太热情、真诚、学习努力，并参加了世博会的志愿者活动，得到了游客的肯定和赞扬。

2. 阅读下面的文章，并回答问题。

（1）前一封推荐信是老师推荐学生，这一封是学生自己推荐自己。

（2）推荐人向北京大学招生办提出推荐意见。

（3）推荐人认为自己学习成绩优秀，热心为班级服务，兴趣爱好广泛，冷静又乐观坦率，有过新闻报道方面的工作经历。

（4）因为北京大学不仅是国内知名的大学，校园文化丰富多彩，而且新闻学专业非常著名，更重要的是有着浓厚的自由开放的学术气氛。

（5）有信心。他说：虽然我的学习成绩跟别人相比可能还不是最好的，但是我相信如果能成为贵校的学生，我一定会用我的真诚和努力，成为一名优秀学生。

第5课　活动报道

二、热身练习

1. 阅读下面的文章，并回答问题。

（1）这是长江大学首届留学生才艺大赛。比赛的时间是9月29日晚上，地点是长江大学学生广场，参赛者是留学生（主要有：安东尼奥、洛克、桑伯伦、怀特、黄明翔、三位日本同学、亚历克斯、钱真露、吴佳贤、雷纳托、梅若霞等）。

（2）主持人是陈静西、阿马维。

（3）13位

（4）三次

（5）雷纳托

2. 阅读下面的文章，并回答问题。

（1）赶猪跑

（2）时间是11月25日上午9点30分；地点是南区运动场。

（3）比赛的规则是：在“赶猪跑”过程中，只要有任何一个球滚出跑道，就得重新开始；只能用竹竿，不能用手或脚。

（4）王强

（5）在看到球快滚出跑道的时候，他用脚踢了一下。

（6）冠军是徐凯；亚军是哈斯；第三名是钱小小。

（7）这次比赛不仅锻炼了同学们的身体，而且给大家带来了很多乐趣，大大丰富了同学们的课外生活。

三、写作小贴士

1. 阅读“长江大学首届留学生才艺大赛活动报道”，请说明一下这个活动的“六要素”是什么？

（1）时间：9月29日晚上

（2）地点：长江大学学生广场

（3）人物：留学生、来自校内校外的众多同学和老师

（4）起因：首届留学生才艺大赛举行决赛。

（5）经过：主持人介绍，安东尼奥唱歌，洛克独舞，桑伯伦与怀特吉

他弹唱，黄明翔笛子独奏，三位日本同学表演民族舞蹈，亚历克斯和钱真露表演双人歌舞，吴佳贤唱京剧，雷纳托表演中国功夫“醉拳”，梅若霞诗朗诵。

（6）结果：来自巴西的雷纳托以其精彩的“醉拳”节目，获得本次比赛第一名，成为首届留学生才艺大赛最高奖的得主。

2. 阅读“第三届趣味体育比赛‘赶猪跑’活动报道”，请说明一下这个活动的“六要素”是什么？

（1）时间：11月25日上午9点30分

（2）地点：南区运动场

（3）人物：参赛者（主要有王强、张新、钱小小、徐凯、哈斯等）、组织者、裁判、观众等

（4）起因：举行第三届趣味体育比赛“赶猪跑”。

（5）经过：裁判宣布比赛规则，同学们进行比赛。

（6）结果：徐凯以微弱的优势赢得了冠军，哈斯获得亚军，钱小小获得了第三名。

第6课 获奖感言

二、热身练习

1. 阅读下面的文章，并回答问题。

（1）作者的长篇童话获奖，对作者有着特殊的意义，因为在出版了五十多本儿童图书以后，作者唯一的一部长篇童话得了奖，是他完全没有想到的。此前，他曾四次获得过该奖项的诗歌奖，这次能获得童话奖，对他来说，非常珍贵。

（2）我们每天在接受着别人的爱，

我们更不该忘记用爱来回报；

就像走上人生之路，

你必须迈开左右脚。

（3）大约在半个世纪前。

（4）作者觉得为孩子写作，不仅仅是兴趣和荣誉，而且是心灵上的成长。

（5）作者感谢了生活和写作这份工作，还有读者。

2. 阅读下面的文章，并回答问题。

（1）迈克尔·戴尔获得了“电子爱国者创新奖”。

（2）第一，从技术开发到最终的客户，这期间花费的时间太长，通常要一年甚至更久；第二，通过店铺销售计算机的公司效率低下，而且产品价格很高；第三，销售产品的人通常对产品一无所知，更糟糕的是，他们不能提供技术支持或服务。

（3）向用户直接销售计算机。

（4）在业界他们率先在全球免费回收自己的产品以及他们竞争对手生产的产品；让产品更加节能；启动了一个名为“为我种一棵树”的项目。

三、写作小贴士

请找出下列句子中你觉得不得体的地方，并说明理由。

（1）说女生胖是不太礼貌的。

（2）说这个奖早就应该给自己是太不客气的话，应该谦虚一些。

（3）祝太祖母活到98岁，似乎在暗示太祖母98岁会去世，不合适。

（4）“拜访”是客人对主人说的有恭敬之义的话，主人自己不应说。

第7课　会议记录

二、热身练习

阅读下面的会议记录，并回答问题。

（1）会议主要讨论了两个问题：1. 如何整顿城市市场秩序。2. 如何

制止违章建筑、维护城市面貌。

（2）有四个人发言，他们是肖南天、罗真言、李力、周一虎。

（3）会议的最后决定是：1. 由工商局领导、居委会及其他部门配合，会后第一个星期宣传，第二个星期行动，要彻底改变本区的混乱状况。2. 会后，管委会对全区建筑工地马上进行一次检查；然后召开一次施工单位会议，责令施工单位一个月内改变面貌。逾期不改者，坚决按照规定处理。

三、写作小贴士

请写出上面记录的会议的名称、时间、地点、出席人、列席人、主持人、记录人。

会议名称：城南开发区管委会会议

会议时间：2011年3月12日上午9点

会议地点：城南开发区管委会会议室

主持人：李兵（管委会主任）

出席人：周一虎（管委会副主任）、李方海（城市建设科科长）、肖南天（工商局副局长）、罗真言（工商局某科长）、李力（区建设委员会副主任）、街道居委会负责人

列席人：管委会其他人员

记录人：邹小明（管委会办公室秘书）

关于本教材涉及的有关著作权说明

为了尽可能保证语言的自然和真实，本教材的课文都是在真实文本的基础上改写而成的。由于时间、地域等多方面的原因，我们在没有一一与权利人联系上的情况下就使用并改写了有关作者的作品。对外汉语教学或者说汉语的国际推广是中华民族的一项事业，我们希望能得到您的理解和支持。由于教学的需要，我们对您作品的改动可能使其失去了不少原有的光彩，希望您能谅解。另外，有些作品由于不清楚作者的信息，所以没有署上作者的名字，也请您谅解。

为了尊重原作者的著作权，在此特委托北京版权代理有限责任公司向权利人转付稿酬。请您与北京版权代理有限责任公司联系并领取稿酬。领取稿酬时请提供相关资料：① 本人身份证明，② 作者身份证明。

联系方式如下：

北京版权代理有限责任公司

地　址：北京市海淀区知春路23号 量子银座1403室

电　话：010-82357056/7/8-229/230　　传　真: 010-82357055

联系人：吴文波　方芳

编　者

第1课 申请书

作文要求：____

____

____

这篇文章是____________（谁）写给____________（谁）的

写作提纲或草稿：

写作文：

（字数要求：________________）

10×11＝110字

10 × 12 = 120字

$10 \times 12 = 120$字

第2课 发表议论

作文要求：＿＿＿＿＿＿＿＿＿＿

这篇文章是＿＿＿＿（谁）写给＿＿＿＿（谁）的

写作提纲或草稿：

写作文：

（字数要求：________________）

10×11=110字

$10 \times 12 = 120$字

10 × 12 = 120字

10 × 12 = 120字

$10 \times 12 = 120$字

10 × 12 = 120字

第3课 游 记

作文要求：

这篇文章是 ＿＿＿＿＿＿（谁）写给 ＿＿＿＿＿＿（谁）的

写作提纲或草稿：

写作文：

（字数要求：________________）

10 × 11 = 110字

10 × 12 = 120字

10 × 12 = 120字

10 × 12 = 120字

$10 \times 12 = 120$字

10 × 12 = 120字

第4课 推荐信

作文要求：______________________________

____

____

这篇文章是 ______（谁）写给 ______（谁）的

写作提纲或草稿：

写作文：

（字数要求：________________）

10 × 11 = 110字

10 × 12 = 120字

10 × 12 = 120字

10 × 12 = 120字

$10 \times 12 = 120$字

10 × 12 = 120字

第5课 活动报道

作文要求：____

____

____

这篇文章是 ______________（谁）写给 ______________（谁）的

写作提纲或草稿：

写作文：

（字数要求：____________________）

10 × 11 = 110字

10 × 12 = 120字

10 × 12 = 120字

10 × 12 = 120字

10 × 12 = 120字

10 × 12 = 120字

第6课 获奖感言

作文要求：______________________________

____

____

这篇文章是 ______________（谁）写给 ______________（谁）的

写作提纲或草稿：

写作文：

（字数要求：________________）

10 × 11 = 110字

10 × 12 = 120字

10 × 12 = 120字

10 × 12 = 120字

10 × 12 = 120字

10×12=120字

第7课 会议记录

作文要求：______

______

______

这篇文章是______（谁）写给______（谁）的

写作提纲或草稿：

写作文：

（字数要求：________________）

10 × 11 = 110字

10 × 12 = 120字

$10 \times 12 = 120$字

10 × 12 = 120字

10 × 12 = 120字

第8课 复 习

______（哪个）同学的作文______

______（作文题目）写得最好

这篇作文中的好词和好句：

10 × 8 = 80字

10 × 12 = 120字

最不满意的作文是 ________________________（作文题目）

不满意这篇作文的原因：

10 × 10 = 100字

第二次写作

作文要求：________________

____

____

这篇文章是 ________（谁）写给 ________（谁）的

写作提纲或草稿：

写作文：

（字数要求：________________）

10 × 11 = 110字

10 × 12 = 120字

10×12＝120字

10 × 12 = 120字

10 × 12 = 120字

10 × 12 = 120字

10 × 12 = 120字